さもないものが酒の肴にも、ご馳走にも

小鍋でつまみ

福森道歩

東京書籍

はじめに

以前『ひとり小鍋』という書籍を出版したあと、こんなお便りをいただきました。

「同じ食材なのに、なんでこんなに違うんだろうというくらい、土鍋で作るとまったく違うおいしい料理ができるんですね」

こんなにうれしいことはありません！　料理人としても、土鍋職人としても、作り手冥利に尽きるお言葉でした。

そうなんです、同じ食材でも、土鍋で作ると驚くほど違うものになるんです！

土鍋の一番の特性は、何といっても保温力。熱しにくく冷めにくいという特性でもって、素材のもつうまみを存分に引き出してくれる。だから同じ食材でも味がぐんと変わります。

コトコト煮込んだ肉は中までやわらかく、焼き肉は表面は香ばしく中はジューシー。魚介は炒めても煮てもかたくならず、やさしい味わい。ほんの少しの水分で蒸しゆでした野菜はうまみが増し、素材の味が引き立ちます。

今回のテーマである「つまみ」も、そんな土鍋ならではのおいしさがてんこ盛り。豆腐や野菜や、いつも冷蔵庫の中にあるさもないものを使って、酒の肴にもなる、ご飯のおかずにもなる小料理をご紹介します。小さい土鍋で簡単に作れて、しかも、その小鍋が器にもなり、そして、温かさがテーブルの上で長～く続く。いいことずくめのレシピ集です。

はからずも今、世の中は、外出もおっかなびっくり。みんなでワイワイ呑み会なんて、もってのほか！　というような雰囲気。そんな窮屈な日常を変えてみませんか。もし自宅にいる時間が増えたのなら、それを楽しみましょう。

おうちが居酒屋って、ちょっと楽しいじゃありませんか。この本と小鍋があれば、今まで以上の楽しい食卓になるはず。ちょっとした小鍋つまみがゆとりの時間を作ってくれます。お便りをくださった方と同じ感動をぜひ味わっていただけたらと思います。

福森道歩

土鍋にできること

1／さっと煮たり、煮込んだり

鍋ものはもちろんのこと、汁ものやさっと煮、炒め煮なども朝飯前。また、土鍋は熱の伝わり方が穏やかなので、じっくり火を通したい煮込み料理にも向いています。

2／蒸したり、ゆでたり

野菜の水分を生かした蒸し焼きや蒸しゆでのほか、酒蒸し、ワイン蒸し、オイル蒸しなども得意技。蒸しステーキ、土鍋蒸しなど、土鍋ならではの料理も楽しめます。

3／焼いたり、炒めたり

この本で紹介する土鍋は油ＯＫ。土鍋に油を入れて弱めの中火でゆっくりと温め、肉を焼いたり野菜を炒めることが可能。土鍋は深さがあるので混ぜやすく、材料が散らからずにすみます。

4／オーブントースターで焼いたり

この本で紹介する土鍋はオーブントースターにも入れられるので、チーズ焼きやパン粉焼き、グラタンなどが作れます。表面をカリッと仕上げたいときにも便利。

5／ご飯を炊いたり

土鍋で炊くご飯は香りがよくてもっちり感があり、冷めてもおいしいのが特徴。炊きたてのご飯に具材を混ぜて混ぜご飯にするのもおすすめ。小鍋なら1合でもおいしく炊けます。

6／器としてそのまま食卓へ

土鍋は保温性が高いので、一度温まったら冷めにくく、食卓に運んでからも温かさを保ちながらおいしく食べられるのが魅力。おつまみにはもってこい。洗いものが減るのもうれしい。

土鍋の扱い方

［基本の火加減］

土鍋はゆっくりと熱を行き渡らせながら調理する道具。土鍋が冷えた状態でいきなり強火にかけると割れる原因になったり、材料に上手に火が通らないこともあります、逆に、いったん土鍋が温かくなると、その温度はキープされ、冷めにくいのが特徴。火加減がおいしさを左右します。

1 使いはじめ10回程度は弱火、使い慣れてきら弱めの中火にかけ、土鍋を徐々に温める。

2 材料を一気に入れると温度が下がるので、その場合は強火にする。

3 材料が温まってきたら、弱めの中火にし、じわじわと全体に火を通す。

［初めて使う前にお粥を炊く］

土鍋を買ってきて使いはじめる前に、まずはお粥を炊きます。土鍋には貫入（釉薬に入る細かいひび）や気泡などが全体に入っているので、これを米のでんぷんで埋めて水漏れを防ぐため。お粥を炊いたら丸1日そのままおき、お粥を捨てて土鍋をきれいに洗い、水気を拭いてひっくり返して乾燥させます。

お粥の炊き方……土鍋に米大さじ1を入れ、土鍋の8～9分目くらいまで水を加えて弱火にかけ、5分ほどしたら中火にし、沸騰したら再び弱火にし、しゃもじでときどき混ぜながらコトコトと1時間ほど炊く。透明な米が白く炊けてとろりとしたら、火を止める。

［知っておきたいこと］

■ひびが入っても大丈夫

土鍋は使ううちに自然とひびが入ってきます。土鍋の素地（釉薬をかけない状態の材質）には小さい穴がたくさん空いていますが、この穴が熱を加えることによって膨張し、冷めることによって収縮するので、それがひびになっているだけ。だから、写真のようにひびが入っていても使えます。

■焦がしたとき

うっかり焦がしてしまったら、土鍋に水を入れ、レモンを切って加えて弱めの中火にかけ、沸騰して数分したら湯とレモンを捨てて洗います。それでも取れないときは、かためのスポンジ、スプーンの先などを使ってこすり落とします。レモンの代わりに重曹小さじ1を入れて煮ても。

■カビがついたとき

長く使っていなかった土鍋を戸棚の奥から取り出してみたら、写真のようにカビがついていた……というときは、まずは洗ってカビを落として拭き、水かぬるま湯を入れて弱めの中火にかけ、熱湯の状態で10分ほど火にかけ、熱湯消毒します。水気を拭いてひっくり返して乾燥させます。

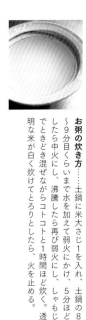

目次

豆腐で一杯

大豆製品で一杯

冷蔵庫の中の さもないもので一杯

魚介が食べたい

肉が食べたい

野菜やきのこも食べたい

つまみパン

つまみめし

◎計量単位は、1カップ＝200mℓ、1合＝180mℓ、大さじ1＝15mℓ、小さじ1＝5mℓです。
◎オーブントースターの焼き時間は目安です。機種によって多少差があるので、様子を見ながら加減してください。
◎塩は自然塩を使います。
◎オリーブオイルはエキストラバージンオリーブオイルを使います。

◎この本では「昆布だし」と「昆布かつおだし」を使っています。どちらも水出しだからとっても簡単です。いずれも冷蔵保存し、3〜4日で使いきります。
昆布だし（右）……10cm長さに切っただし昆布1枚を水2ℓとともに容器に入れ、冷蔵庫で一晩おく。

昆布かつおだし（左）……削り節適量をお茶パックに入れ、10cm長さに切っただし昆布1枚、水2ℓとともに容器に入れ、冷蔵庫で一晩おく。

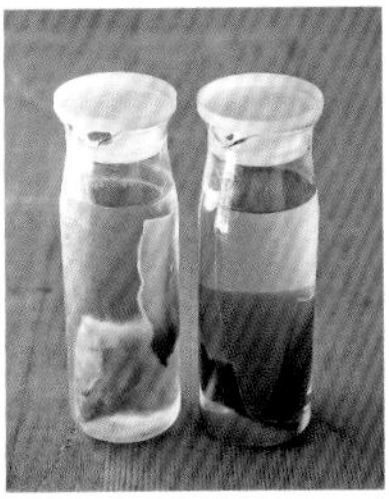

◎中華風に仕上げたいときは「鶏ガラスープ」を使います。ない場合は市販の鶏ガラスープの素でも。
鶏ガラスープ……鶏ガラ1羽分は洗って水気を拭き、水2ℓ、長ねぎの青い部分2本分、しょうが1かけ、昆布10cm、酒¼カップとともに鍋に入れ、強火にかけ、アクを取り除く。水面がフツフツとゆれるくらいの弱火にし、水分量が⅔量くらいになるまで煮る。ペーパータオルを敷いた万能漉し器で漉す。

豆腐で一杯

下ごしらえなし、冷蔵庫から出して切るだけですぐに酒の肴になる便利食材が豆腐。
ここではひと手間加えたアイディアレシピを紹介。
土鍋で作ってテーブルに運べば
時間が経ってもアツアツで、おいしさが長持ちします。

豆腐とトマトのあっさり鍋

加熱したトマトは甘くってジューシー。
オリーブオイルと塩でいただきます

材料　2〜3人分
木綿または絹ごし豆腐…1丁
トマト…小2個
A
　昆布かつおだし（P.9参照）…½カップ
　塩…小さじ¼
　酒…大さじ1
　しょうゆ…少々
オリーブオイル…適量
粗びき黒こしょう…適量

1／豆腐は縦半分に切ってから5等分の厚さに切る。トマトは包丁でヘタの部分をくり抜き、横1〜1.5cm厚さに切る（写真a）。

2／土鍋に豆腐とトマトを1切れずつ交互に並べ入れ、Aを加えて弱めの中火にかけ、ふたをして煮る。

3／豆腐に火が通ってトマトが温かくなったらでき上がり。オリーブオイルを回しかけ（写真b）、粗びき黒こしょうをふる。

b

a

近年よく見かけるようになったザル豆腐と卵黄を組み合わせた超簡単レシピ

ザル豆腐の卵黄のせ

材料　2〜3人分
ザル豆腐または水きり豆腐…1個
A
- 昆布かつおだし(P.9参照)…1カップ
- 塩…小さじ½
- 酒…大さじ1
- しょうゆ…少々

卵黄…1個分
削り節、青ねぎの小口切り…各適量

1／土鍋にザル豆腐をひっくり返して入れ、Aを加え、豆腐の真ん中をスプーンですくって凹みをつける(写真)。弱めの中火にかけ、ふたをして煮る。

2／クツクツしてきたら、豆腐の凹みに卵黄を入れ、少し煮る。

3／卵黄のまわりに削り節をのせ、全体に青ねぎを散らす。

忍び豆腐

豆腐と卵入りのとろろを取り合わせた、口当たりよくてほっこり温まる一品
材料　2〜3人分
絹ごし豆腐…½丁
長いも…100g
A
　昆布かつおだし（P.9参照）
　　…½カップ
　卵…1個
　塩…小さじ½
　しょうゆ…少々
太白ごま油…少々
青のり…適量

1／長いもは皮をむいてすりおろし、Aを加えて混ぜ合わせる。

2／土鍋に太白ごま油をなじませ、弱めの中火にかけて温め、1を流し入れる。

3／真ん中に豆腐を形をくずさないようにして入れ、ふたをして弱めの中火で火を通す。

4／長いもの表面が色づいて中まで火が通ったらでき上がり。仕上げに青のりをふる。

豆板醤や唐辛子は使わず、花椒油と粉山椒で仕上げます

白マーボー

材料　2〜3人分
絹ごし豆腐…½丁
太白ごま油…大さじ1
にんにくのみじん切り…1かけ分
しょうがのみじん切り…1かけ分
鶏ひき肉…100g
塩…小さじ½
紹興酒…大さじ2
鶏ガラスープ（P.9参照）…1½カップ
塩…小さじ½
薄口しょうゆ…小さじ½
水溶き片栗粉…適量
花椒《ホワジャオ》油…大さじ2
長ねぎのみじん切り、粉山椒…各適量

1／豆腐はザルにのせて30分ほどおいて水きりする。

2／土鍋に太白ごま油、にんにく、しょうがを入れて弱めの中火にかけ、香りが立ったらひき肉を入れて塩をふり、火を強めて色が変わるまで炒める。

3／紹興酒をふって混ぜ、鶏ガラスープを加え、沸騰したら火を弱めてふたをして10分ほど煮る。塩、薄口しょうゆで味を調え、水溶き片栗粉でゆるいとろみをつける。

4／豆腐をちぎって入れ（写真）、豆腐に火が通ったら花椒油を加えて火を止める。長ねぎのみじん切り、粉山椒をふる。

汁だくチャンプルー

ラー油で炒めた豆腐に溶き卵をからめていただく、変わりチャンプルーです

材料　2〜3人分
木綿豆腐…1丁
卵…2個
塩…一つまみ
しょうゆ…小さじ½
酒…大さじ1
ラー油…大さじ2
青ねぎの斜め切り…適量

1／豆腐は食べやすい大きさに手でちぎる。卵は割りほぐし、塩、しょうゆ、酒を加えて混ぜる。

2／土鍋にラー油を入れて弱めの中火にかけ、しっかり温まったら豆腐を加えてざっと炒める。

3／1の溶き卵を回し入れてふたをし、縁がかたまってきたら火を止め、余熱で好みのかたさに火を通す。青ねぎの斜め切りをのせる。

大豆製品で一杯

油揚げ、厚揚げ、納豆、高野豆腐などの大豆製品は、
鍋ものや汁ものにするのはもちろん、
煮たり、焼いたり、炒めたり、卵とじにしたり……と
いろいろな調理法で楽しめるのが魅力。体にやさしいのもいいですね。

油揚げのみぞれ鍋

メイン食材は油揚げ。だしの香りたっぷりの汁と大根おろしで、あっさりといただきます

材料　2～3人分
油揚げ…3～4枚
大根…10㎝くらい
A
昆布かつおだし（P.9参照）…1カップ
塩…小さじ½強
酒…大さじ1
薄口しょうゆ…小さじ½
白髪ねぎ、黒七味…各適量
ポン酢じょうゆ…適量

1／油揚げは熱湯をかけて油抜きをし、食べやすい大きさに切る。大根は皮をむいてすりおろし、汁気をきらずにおく。

2／土鍋にAと油揚げを入れて弱めの中火にかけ、フツフツしてきたら少し煮、大根おろしを加え（写真）、一煮する。仕上げに白髪ねぎをのせる。

3／各自の器に取り、好みで黒七味をふり、ポン酢じょうゆをかけて食べる。

油揚げのはさみ焼き

油揚げに納豆を詰めた、定番のつまみ。
梅肉とのりを忍ばせるのがポイント

材料　2人分
油揚げ…1枚
A
ひき割り納豆…1パック
梅肉…梅干し大1個分
しょうゆ…少々
練り辛子…適量
焼きのり…8切1枚
おろししょうが…適量

1／油揚げは熱湯をかけて油抜きをし、半分に切って袋状にする。焼きのりは半分に切る。

2／油揚げに焼きのりを入れ、Aを混ぜ合わせて半量ずつ詰める（写真）。

3／土鍋を弱めの中火にかけ、土鍋が温かくなったら2を入れ、両面焼く。仕上げにおろししょうがをのせる。

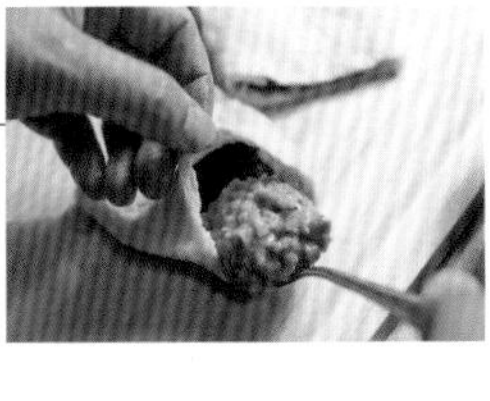

ごま油で加熱し直した厚揚げが美味。
しょうがと花椒、紹興酒の香りがアクセント

厚揚げとゴーヤ炒め
花椒風味

材料　2〜3人分
厚揚げ…小2枚
ゴーヤ…½本
しょうが…1かけ
ごま油…大さじ1
花椒…小さじ1
塩…少々
紹興酒…大さじ1
しょうゆ…小さじ1

1／厚揚げは食べやすい大きさに切る。ゴーヤは種とワタをくり抜くようにして取り除き、5㎜幅の輪切りにする。しょうがは皮つきのまません切りにする。

2／土鍋にごま油、しょうが、花椒を入れて弱めの中火にかけ、香りが立ったら厚揚げ、ゴーヤの順に入れて塩をふり、中火で炒め合わせる。

3／紹興酒をふって香りをつけ、鍋肌からしょうゆで味を調える。

鶏ガラスープとにんにく、ごま油を使うと
いつもの煮びたしとはまた違ったおいしさ

厚揚げと青梗菜の小鍋仕立て

材料 2〜3人分
厚揚げ… 1枚
青梗菜… 1〜2株
太白ごま油… 大さじ1
にんにくのみじん切り… 1かけ分
しょうがのみじん切り… 1かけ分
鶏ガラスープ（P.9参照）… 1カップ
酒… 大さじ1
塩… 小さじ½
しょうゆ… 少々
黒炒りごま、ごま油… 少々

1／厚揚げは4等分に切る。青梗菜は食べやすい長さに切る。

2／土鍋に太白ごま油とにんにく、しょうがを入れて弱めの中火にかけ、香りが立ったら鶏ガラスープを注ぎ入れ、酒、塩、しょうゆで味つけをする。

3／厚揚げを加えてふたをし、5分ほど煮たら青梗菜を加えて火を通す。好みでごまをふり、ごま油をたらして香りをつける。

生湯葉あんかけ鍋

生湯葉のふくよかなうまみをあんで閉じ込めた、体温めレシピ

材料　2～3人分
くみ上げ湯葉…150～200g
A
昆布だし（P.9参照）…½カップ
酒…大さじ1
みりん…小さじ1
塩…少々
薄口しょうゆ…少々
水溶き片栗粉…適量
おろしわさび、柚子やかぼす…各適量

1／土鍋にAを入れて弱めの中火にかけ、フツフツしてきたら水溶き片栗粉を加えてゆるいとろみをつける。

2／くみ上げ湯葉を入れて一煮し、火を止めておろしわさびをのせる。

3／各自の器にくみ上げ湯葉を入れ、あんをかけ、柚子やかぼすの搾り汁をかけて食べる。

納豆ワンタンのみそスープ仕立て

具は納豆だけだから、思いのほか簡単。アツアツのみそスープが胃にしみ渡ります

材料　2～3人分

A
- 納豆…1パック
- 練り辛子…少々
- しょうゆ…少々

ワンタンの皮…10枚
しめじ…½パック
昆布かつおだし(P.9参照)…2カップ
みそ…大さじ2
七味唐辛子…少々

1／Aは混ぜ合わせ、ワンタンの皮で包む。包むときは、ワンタンの皮の真ん中に納豆をのせ、皮の周囲を水でぬらし、空気が入らないように半分に折ってから左右の皮を内側に折り込んで巻き込む(写真)。

2／しめじは石づきを取ってほぐす。

3／土鍋にだし汁を入れて弱めの中火にかけ、フツフツしてきたら1と2を入れて煮、みそを溶き入れる。仕上げに七味唐辛子をふる。

高野豆腐の卵とじ

卵と一緒に頬張る高野豆腐はやさしい味わい。
ほっとなごみます

材料 2〜3人分
高野豆腐…小8個
卵…2個
A
昆布かつおだし(P.9参照)…1カップ
酒…大さじ1
みりん…大さじ2
塩…一つまみ
しょうゆ…少々
粉山椒…少々

1／高野豆腐は袋の表示通りに戻す(戻さなくてもいいタイプもある)。卵は割りほぐす。

2／土鍋にAを入れて弱めの中火にかけ、フツフツしてきたら高野豆腐を入れ、ふたをして中火で煮る。

3／溶き卵を中心から円を描くようにして流し入れ、ふたをして火を止め、余熱で火を通す。仕上げに粉山椒をふる。

冷蔵庫の中のさもないもので一杯

比較的賞味期限が長くて冷蔵庫にいつも入っている食材……、ちくわやじゃこ、ハムやソーセージ、チーズ、卵などを使った酒の肴を紹介。もう一品欲しいと思ったとき、ちょっと小腹が空いたときにすぐに作れるものばかりです。

じゃこもナッツもカリッカリになるまで炒めて、粉山椒で香りづけ

じゃことミックスナッツの山椒炒め

材料　2〜3人分
じゃこ…½カップ
ミックスナッツ…1カップ
太白ごま油…大さじ1
粉山椒…適量

1／土鍋に太白ごま油を入れて弱めの中火にかけ、じゃこを入れて香ばしくなるまでよく炒め、ミックスナッツを加えてカリカリになるまで炒め合わせる。

2／粉山椒をふって混ぜる。

しらたきがチリチリになるまでひたすら炒めるのが、おいしさのポイント

しらたきのアーリオ・オーリオ

材料　2〜3人分
しらたき…1袋
にんにくのみじん切り…1かけ分
赤唐辛子…1本
オリーブオイル…大さじ2
塩…小さじ½

1／しらたきは下ゆでし、汁気をきって食べやすい長さに切る。

2／土鍋にオリーブオイル、にんにく、赤唐辛子を入れて弱めの中火にかけ、香りが立ったら1を加える。

3／塩をふり、しらたきの汁気を飛ばしながらチリチリになるまでよく炒める。

炒めるならきゅうりよりアスパラ、プロセスチーズよりスモークチーズ！

おつまみちくわ

材料　2〜3人分
ちくわ…３本
アスパラガス（細め）…１本
長いも…適量
スモークチーズ…３個
太白ごま油…少々

1／アスパラガスは根元に近い部分の皮をピーラーでむき、３等分の長さに切る。長いもは皮をむいて棒状に切り、アスパラガスと同じくらいの長さに切る。

2／ちくわを3等分の長さに切り、ちくわの穴に1、長いも、スモークチーズをそれぞれ詰める。

3／土鍋に太白ごま油を入れて弱めの中火にかけ、2を入れ、ときどき転がしながら焼く。

土鍋で炒めるとコクとうまみが出てサラダにするよりつまみ向き

かにかまとアボカドのマヨ炒め

材料　2〜3人分
かに風味かまぼこ…３〜４本
アボカド…1個
マヨネーズ…大さじ2
粗びき黒こしょう…適量

1／かに風味かまぼこは食べやすい長さに切る。アボカドは縦にぐるりと切り込みを入れ、ねじるようにして二つに分け、種と皮を取って一口大に切る。

2／土鍋にマヨネーズを入れて弱めの中火にかけて温め、かに風味かまぼこを入れて中火で炒め、アボカドを加えてざっと炒め合わせる。

3／器に盛り、粗びき黒こしょうをふる。

ハムステーキ

厚切りにすると豪華な感じ。土鍋で焼くと
じんわり火が通ってジューシーになります

材料　2〜3人分
ロースハム（かたまり）
　…3㎝厚さのもの1枚
太白ごま油…大さじ1
粒マスタード…適量

1／土鍋に太白ごま油を入れて弱めの中火にかけてしっかりと温め、ハムを入れ、両面香ばしくなるまで焼く。

2／ナイフなどで食べやすい幅に切り分け、粒マスタードをぬる。

ソーセージとキャベツの蒸し焼き

ソーセージは好みのものでOK。厚切りハムや厚切りベーコンを使っても

材料　2〜3人分
ソーセージ…3本
キャベツ…大3枚
粗びき黒こしょう…適量

1／ソーセージは縦半分に切る。キャベツはざく切りにする。

2／土鍋にソーセージを入れて弱めの中火にかけ、ソーセージから脂が出てくるまで焼いて、いったん取り出す。

3／2の土鍋にキャベツを入れて水大さじ1をふり（写真）、ソーセージをのせ、ふたをして弱火で火を通す。

4／キャベツがしんなりしたらでき上がり。粗びき黒こしょうをふる。

洋風ミニおでん

昆布だしとベーコンの組み合わせが最高！
芽キャベツやミニトマトを加えても

材料　2〜3人分
うずら卵（ゆでたもの）…6個
小玉ねぎ…6個
ベーコン（かたまり）…150g
昆布だし（P.9参照）…2カップ
ローリエ…1枚
塩…小さじ½

1／小玉ねぎは皮をむく。ベーコンは小玉ねぎと同じくらいの大きさに切る。

2／土鍋にだし汁とローリエ、1、うずら卵を入れてふたをして弱めの中火にかけ、フツフツしてきたら弱火にして煮る。

3／小玉ねぎがやわらかくなったら塩で味を調える。

巾着卵

定番の巾着煮に高菜漬けを加えて
パンチのある味に仕上げます

材料　2人分
卵…2個
高菜漬けのみじん切り…適量
油揚げ…1枚
A
昆布かつおだし(P.9参照)…1カップ
塩…小さじ½
酒…大さじ1
みりん…小さじ2
しょうゆ…少々

1/油揚げは熱湯をかけて油抜きをし、半分に切って袋状にする。

2/卵をボウルなどに割り入れ、黄身がつぶれないように油揚げに入れ、高菜漬けも入れ(写真)、6~7㎝長さに折ったスパゲッティ(分量外)で油揚げの口を留める。スパゲッティがなければ楊枝でもいい。

3/土鍋にAを入れて弱めの中火にかけ、2を入れてふたをし、フツフツしてきたら弱火にして7~8分煮る。そのまま、または半分に切って器に盛る。

卵がふわっとしているアツアツのところをすぐにいただくのがおすすめ

ケランチム（韓国風土鍋蒸し）

材料　2〜3人分

卵…2個

塩…一つまみ

帆立貝柱…4個

A
- 昆布かつおだし（P.9参照）…1カップ
- 酒…大さじ1
- 塩…小さじ½
- しょうゆ…小さじ½

三つ葉のざく切り…適量

1／卵はボウルに割り入れ、塩を加えて溶き混ぜる。帆立貝柱は小角切りにする。

2／土鍋にAと帆立貝柱を入れて弱めの中火にかけ、フツフツしてきたら溶き卵の⅓量を入れ（写真a）、箸で混ぜながら火を通す（写真b）。フワッとしたら残りの溶き卵の½量を入れ、箸で混ぜて火を通す。

3／残りの溶き卵を加えながら箸で混ぜ（写真c）、火を止め、全体にふんわりとしたら三つ葉をのせる。

a

b

c

うずら卵とミニトマトの黒酢あん

黒酢酢豚からの発想で黒酢うずら。冷蔵庫にあったミニトマトも加えて

材料　2〜3人分
うずら卵（ゆでたもの）… 12個
ミニトマト … 10個
A
黒酢 … 大さじ2
トマトケチャップ … 大さじ2
しょうゆ … 小さじ½

1／ミニトマトはヘタを取る。

2／土鍋にAを入れて弱めの中火にかけ、フツフツしてきたらうずら卵を加え、ふたをして弱火で煮、ミニトマトを加える。

3／ミニトマトの皮がはじけてきたらふたを取り、味をからめる。

酒の肴にもご飯のおかずにも！
桜えびがなければ、わかめだけでもOK。

わかめの桜えび炒め

材料　2〜3人分
塩蔵わかめ…100g
桜えび…大さじ2
太白ごま油…大さじ2
酒…大さじ1
しょうゆ…大さじ½

1／わかめはよく洗って水気をきり、ざく切りにする。

2／土鍋に太白ごま油を入れて弱めの中火にかけ、桜えびを入れて香ばしくなるまで炒め、わかめを加えて炒め合わせる。

3／酒をふり、しょうゆで味を調える。

とろとろチーズと焼きのり

カマンベールチーズがとろりとするのを待って、のりにのせていただきます

材料　2〜3人
カマンベールチーズ…1個
オリーブオイル…小さじ1
焼きのり…適量

1／カマンベールチーズは上面の白カビ部分を薄く切り落とす。焼きのりは1枚8等分に切る。

2／土鍋にオリーブオイルを入れて弱めの中火にかけ、カマンベールチーズを入れてオイルをまとわせ、ふたをして弱火で焼く。

3／チーズがおいしそうにとろけたら、火を止める。スプーンなどですくって焼きのりの上にのせ、巻いて食べる。

加熱したモッツァレラチーズと焼きトマトの相性は二重丸！

ホットカプレーゼ

材料　2〜3人分
モッツァレラチーズ…1個
トマト…小2個
塩…適量
オリーブオイル…適量
バジル…少々

1／モッツァレラチーズは4等分の厚さに切る。トマトはヘタを取って横半分に切る。

2／土鍋にオリーブオイル小さじ2を入れて弱めの中火にかけ、トマトを並べ入れる。それぞれにモッツァレラチーズをのせて塩をふり、ふたをして焼く。

3／トマトに火が入り、チーズが溶けてきたらでき上がり。バジルを飾り、オリーブオイル適量をかける。

魚介が食べたい

扱いやすいたこやえびは酒の肴にもってこい、
脂ののった旬の魚はお酒との相性が抜群。
ゆっくりと火が通る土鍋で調理するとパサついたりかたくならず、
魚介のうまみはそのまま。いつもは刺し身派という人にもおすすめです。

えびのナンプラー焼き

えびの頭も焼いて香ばしく仕上げるのが道歩流。
シンプルなおいしさです

材料　2〜3人分
えび（有頭、殻つき）…大2〜3尾
にんにく…1かけ
太白ごま油…大さじ2
ナンプラー…小さじ2
香菜（葉先）…適量
ライムのくし形切り…適量

1／えびは頭と身を別にし、頭はキッチンバサミで裏側に切り込みを入れる（写真）。身は殻つきのまま背ワタを取り除き、尾を斜めに切りそろえ、縦半割りにする。

2／土鍋に太白ごま油を入れ、にんにくを半分に切って芯を除いて加え、弱めの中火にかける。にんにくの香りが立ったらえびの頭を入れ、香ばしく炒める。

3／えびの身を加えてさらに炒め、ナンプラーを入れて味を調える。仕上げに香菜をのせ、ライムの搾り汁をふりかける。

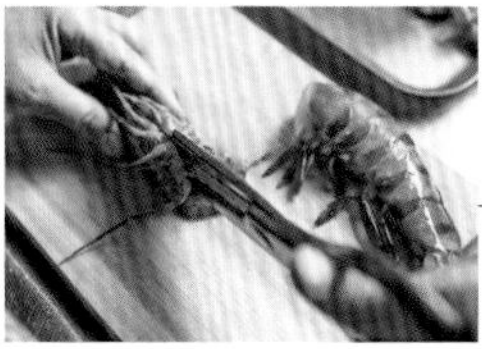

えびのじゃこまみれ

えび×じゃこで、うまみ倍増！
アツアツでも冷めてもおいしいのが魅力

材料　2〜3人分
えび（無頭、殻つき）…10尾
じゃこ…20g
しょうがのみじん切り
…1かけ分
ごま油…大さじ2
実山椒または実山椒の佃煮
…一つまみ
酒…大さじ1
塩…少々

1／えびは背ワタ、殻と尾を取り除く。

2／土鍋にじゃこ、しょうが、ごま油を入れて弱めの中火にかけ、しょうがの香りが立ってじゃこが香ばしくなるまでよく炒める。

3／実山椒、酒を加えてなじませ、えびを加えて炒め合わせ、塩で味を調える。

オリーブオイルとチーズの風味が加わって
淡白なたこがグッとおいしくなります

たこのパン粉焼き

材料　2〜3人分
たこの足（ゆでたもの）…200g
オリーブオイル…大さじ1
A
- パルメザンチーズ…大さじ2
- パン粉…大さじ2
- 塩、粗びき黒こしょう…各少々

1／たこは細かく切り込みを入れ（写真a）、筒切りにし、断面にさらに格子状に切り込みを入れる（写真b）。

2／Aは混ぜておく。

3／土鍋に1を並べ入れてオリーブオイルを回しかけ、2をふる。オーブントースターでパン粉に焼き色がつくまで焼く。

a

b

たこに細かく切り込みを入れておくと、
加熱してもやわらかでジューシー

たこのレモンバター

材料　2〜3人分
たこの足（ゆでたもの）…200g
バター…大さじ3
白ワイン…大さじ2
レモンの皮のせん切り…1/3個分

1／たこは細かく切り込みを入れ（写真a）、筒切りにし、断面にさらに格子状に切り込みを入れる（写真b）。

2／土鍋にバターを入れて弱めの中火にかけ、バターが溶けてきたら1を入れてさっと炒める。

3／白ワインをふってアルコール分を飛ばし、レモンの皮を加えて一煮する。

小いかのトマト煮

いかを煮た煮汁はうまみたっぷり。
パンにつけて余すところなくいただきます

材料 2~3人分
小いか…300g
ミディトマト…5個
オリーブオイル…大さじ2
にんにくのみじん切り…1かけ分
赤唐辛子の小口切り…1本分
塩…二つまみ
白ワイン…大さじ1
パセリのみじん切り…適量

1／小いかは胴から足を引き抜き、洗って内臓を取り除く。ミディトマトはヘタを取って4~8つ割りにする。

2／土鍋にオリーブオイル、にんにく、赤唐辛子を入れて弱めの中火にかけ、香りが立ったら小いかを加え、塩をふって炒める。白ワインを入れてアルコール分を飛ばす。

3／ミディトマトを加え、トマトの皮がはじけてくるまで煮、仕上げにパセリをふる。バゲットの薄切り（分量外）を添える。

こしょうは強めに利かせるのがおすすめ。
黒酢を使うことでクセがやわらぎます

かつおの黒酢ペッパーソテー

材料　2～3人分
かつお…½さく
塩…小さじ1½
粗びき黒こしょう…適量
にんにく…2かけ
太白ごま油…大さじ1
A［黒酢（できれば中国の香酢）…大さじ2
　しょうゆ…大さじ1

1／かつおは3等分にし、塩と粗びき黒こしょうをふる（写真）。にんにくは薄切りにして芯を除く。

2／土鍋に太白ごま油とにんにくを入れて弱めの中火にかけ、にんにくが色づいて香りが出たら取り出す。

3／2の土鍋にかつおを入れて表面全体を焼き、Aを混ぜ合わせて加え、かつおにからめながら好みの焼き加減に火を通す。たれを煮詰め、にんにくを戻し入れる。

昔ながらの少し濃いめの味つけにすると
まぐろの脂が気にならず、お酒もすすみます

ねぎま鍋

材料　2〜3人分
まぐろ（脂の多い切り落とし）…150g
長ねぎ…1本
太白ごま油…小さじ2
A
昆布かつおだし（P.9参照）…1カップ
酒…大さじ1
塩…少々
しょうゆ…大さじ1½
みりん…大さじ1

1／まぐろは食べやすい大きさに切る。長ねぎは3〜4㎝長さの筒切りにする。

2／土鍋に太白ごま油を入れて弱めの中火にかけ、長ねぎを入れて焼きつける。

3／Aを入れ、フツフツしてきたらまぐろを加えてふたをし、まぐろと長ねぎに味がしみるまで煮る。

たらの酒蒸し

仕上げのごま油がアクセント。
太刀魚、鯛などほかの白身魚を使っても

材料　2〜3人分
生たら…2切れ
長ねぎ…½本
昆布…10㎝四方のもの1枚
塩…小さじ½
酒…大さじ3
ごま油…少々
柚子またはかぼす…適量

1／長ねぎは太めのせん切りにする。

2／土鍋に昆布を敷いてたらをのせ、塩、酒、水大さじ1をふり入れ、1をのせる。弱めの中火にかけてふたをし、たらに火が通るまで5〜6分蒸す。

3／仕上げにごま油をふり、柚子やかぼすなどの搾り汁をかける。

多めのオリーブオイルでカリッと
きつね色に！　アツアツを頬張りたい

あじのたたきパン粉焼き

材料　2〜3人分
あじ（3枚におろしたもの）…2尾分
A
しょうがのみじん切り…小1かけ分
白炒りごま…小さじ1
青じそのみじん切り…2枚分
しょうゆ…小さじ½
塩…小さじ½
片栗粉…大さじ½
パン粉…適量
オリーブオイル…適量

1／あじは皮をひき（写真a）、包丁で細かくたたく。ボウルに入れ、Aを加えて混ぜ合わせる（写真b）。

2／1を4等分にして丸く平らに形作り、両面にパン粉をしっかりとまぶしつける。

3／土鍋にオリーブオイル大さじ2を入れ、弱めの中火にかけてしっかりと温め、2を入れ（写真c）、上からもオリーブオイル少々をかける。おいしそうな焼き色がつくまで両面焼く。

柚子こしょうを利かせると味が締まって
酒の肴にぴったり。スープも美味！

帆立の柚子こしょうクリーム

材料　2〜3人分
帆立貝柱…10個
牛乳…1カップ
白ワイン…大さじ1
バター…大さじ1
柚子こしょう…小さじ1

1／土鍋に牛乳を入れて弱めの中火にかけ、フツフツしてきたら白ワインをふり、バターと柚子こしょうを加えて溶かす。

2／帆立貝柱を加え、火が通るまで一煮する。

ごま油で炒めて紹興酒と豆豉《トウチ》で蒸す、
これだけで中華風の味わいに

あさりの豆豉蒸し

材料　2〜3人分
あさり…300g
豆豉…大さじ1
紹興酒…大さじ2
ごま油…大さじ1
にんにくのみじん切り…1かけ分

1／あさりは塩水に入れて砂抜きをし、殻をこすり合わせてよく洗い、水気をきる。

2／豆豉は刻み、紹興酒と合わせておく。

3／土鍋にごま油とにんにくを入れて弱めの中火にかけ、香りが立ったらあさりを入れて強火で炒める。

4／2を加えてふたをし、あさりの口が開くまで蒸す。

チヂミの生地を小鍋で焼くと厚みが出てふんわり。
たらこの代わりに明太子でも

たらこのふんわりチヂミ

材料　2〜3人分
たらこ…1腹
A
小麦粉…大さじ2
片栗粉…大さじ1
卵…小1個
塩…一つまみ
水…大さじ1
ごま油…小さじ1
酢じょうゆ…適量

1／たらこは縦半分に切る。Aをボウルに入れて混ぜ合わせ、生地を作る。

2／土鍋にごま油をなじませて弱火でしっかりと温め、1の生地を少量残して流し入れ（写真a）、たらこをのせる（写真b）。残りの生地を上からかけ、ふたをして焼く。

3／焼き色がついたら裏返し（写真c）、ふんわりとするまで弱火で焼いて中まで火を通す。

4／再び裏返してたらこの面を上にして完成。切り分けて器に盛り、酢じょうゆをかけて食べる。

a

b

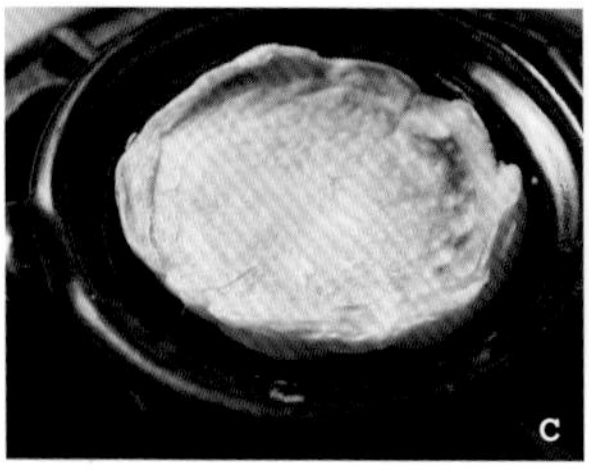
c

オリーブオイルとにんにくで煮込む
スペイン風つまみを、簡単バージョンで

オイルサーディンのアヒージョ

材料 2〜3人分
オイルサーディン…1缶
にんにく…1〜2かけ
カラーミニトマト（赤、黄、グリーン、紫など）…8個
オリーブオイル…大さじ3
塩…少々

1／にんにくは半分に切って芯を除き、包丁の腹でたたく。カラーミニトマトはヘタを取る。

2／土鍋ににんにくとオリーブオイルを入れて弱めの中火にかけ、にんにくの香りが立つまで熱する（写真a）。

3／オイルサーディンを並べ入れ（写真b）、缶の油も入れ、オイルサーディンがアツアツになるまで煮る。

4／カラーミニトマトを加え（写真c）、一煮して火を止め、塩で味を調える。

肉が食べたい

家飲みは「つまみ」もおかずのうち。
だから味気ないのはつまらないし、ガツンとしたものも食べたい。
ここでは、お酒がすすむちょっと濃い味の煮ものや炒めものを中心にラインナップ。
とっておきの土鍋ステーキも紹介します。

コチュジャンベースの甘だれを、肉や野菜に十分にからませて仕上げるのがポイント

土鍋プルコギ

材料　2〜3人分
牛薄切り肉…200g
玉ねぎ…1個
甘長唐辛子またはししとう…適量
ごま油…大さじ1
A
おろしにんにく…1かけ分
おろししょうが…1かけ分
コチュジャン…大さじ2
みりん…大さじ2
しょうゆ…大さじ½
白炒りごま…適量

1／玉ねぎは薄切りにする。Aは混ぜ合わせる（写真a）。

2／土鍋にごま油を入れ、弱めの中火にかけてよく温め、牛肉を入れて炒める（写真b）。玉ねぎと甘長唐辛子を加えてざっと炒め合わせる。

3／Aを加えて全体に混ぜ（写真c）、味がなじむまで煮る。仕上げにごまをふる。

a

b

c

コクと甘みがあるオイスターソースで
味つけした、チャチャッと作れる炒めもの

牛肉とパプリカのオイスター炒め

材料　2〜3人分
牛薄切り肉
　またはこま切れ肉…200g
パプリカ(赤)…½個
牛脂…適量
塩…一つまみ
酒…大さじ1
しょうゆ…小さじ1
オイスターソース…大さじ1

1/パプリカは縦太めに切ってから斜め切りにする。

2/土鍋を弱めの中火にかけてしっかりと温め、牛脂を入れ、牛脂が溶けたら牛肉を入れ、塩をふって炒める。

3/パプリカを加えて炒め合わせ、酒、しょうゆを加えて味をなじませ、オイスターソースを加えてさらに炒める。

牛肉とモロッコいんげんの煮もの

畑で採れるモロッコいんげんを加えた
しょうゆ味の炒め煮。我が家のお総菜です
材料　2〜3人分
牛こま切れ肉…200g
モロッコいんげん…5〜6本
牛脂…適量
塩…一つまみ
酒…大さじ1
みりん…大さじ2
A
昆布かつおだし(P.9参照)…1カップ
しょうゆ…大さじ1
塩…小さじ½
一味唐辛子…少々

1／モロッコいんげんは筋を取って2〜3等分の長さに切る。

2／土鍋を弱めの中火にかけてしっかりと温め、牛脂を入れ、牛脂が溶けたら牛肉を入れ、塩をふって炒める。

3／酒、みりんを加えてアルコール分を飛ばし、Aを加えて味がなじむまで煮、モロッコいんげんを入れてやわらかくなるまでさらに煮る。仕上げに一味唐辛子をふる。

牛ヒレのおろしステーキ

土鍋で焼くと遠赤外線効果で肉の中まで熱が入り込み、表面は香ばしく中はやわらか

材料　2〜3人分
牛ヒレ肉（ステーキ用）…100g×2枚
塩、粗びき黒こしょう…各適量
牛脂…適量
A［大根おろし…½カップ
　 柚子こしょう…適量
しょうゆ…適量

1／牛肉は室温に戻し、焼く直前に塩、こしょうを両面にしっかりとふる。

2／土鍋を弱めの中火にかけ、鍋肌から煙が出るくらいまで熱して牛脂を入れ、溶けてきたら1を入れる。

3／中火で両面さっと焼きつけ、ふたをし、表面は香ばしく、中は好みの焼き加減に火を通す。

4／Aを混ぜ合わせてのせ、しょうゆを添える。

にんにく、赤ワイン、しょうゆの相性が抜群。
牛脂で焼くのもおいしさの秘密

牛ランプのガーリック蒸しステーキ

材料　2〜3人分
牛ランプ肉（ステーキ用）
…200g
塩、粗びき黒こしょう…各適量
にんにくの薄切り…小4かけ分
牛脂…適量
赤ワイン…大さじ2
しょうゆ…小さじ1

1／牛肉は室温に戻して半分に切り、手でたたき、包丁の刃先で数カ所刺して繊維を切る（写真a）。焼く直前に塩、こしょうをふる。

2／土鍋を弱めの中火にかけ、鍋肌から煙が出るくらいまで熱して牛脂を入れ、溶けてきたら1を入れ、にんにくをのせる。

3／中火にしてふたをし（写真b）、両面焼く。にんにくは牛肉の上におくようにする。赤ワインをふってアルコール分を飛ばし、仕上げにしょうゆとこしょうをふる。

a

b

a

b

c

小鍋で作った肉みそをそのままテーブルへ。
生野菜のほか、ゆで野菜にもよく合います

豚肉みそディップ

材料　2〜3人分
豚こま切れ肉…200g
ごま油…大さじ1
しょうがのみじん切り…1かけ分
A 酒…大さじ1
　みそ…大さじ1
　メープルシロップ…大さじ1
しょうゆ…小さじ1
葉野菜（サンチュなど）、青じそ…各適量
きゅうり、にんじん、長ねぎ…各適量

1／豚肉は細切りにし、さらに細かく切って粗びき状態にする。豚肉は半冷凍しておくと刻みやすい（写真a）。

2／土鍋にごま油、しょうがを入れて弱めの中火にかけ、香りが立ったら豚肉を入れ（写真b）、水分と脂分が出てポロポロになるまでよく炒める。

3／Aを合わせて加え（写真c）、汁気がなくなるまでよく炒め、しょうゆで味を調える。

4／きゅうり、にんじん、長ねぎは食べやすい長さのせん切りにする。葉野菜に青じそ、せん切り野菜、3をのせて巻いて食べる。

豚肉となすの豆板醤炒め

組み合わせる野菜は自由自在。
ピーマン、そら豆、いんげんなどもおすすめ

材料 2～3人分
豚肩ロース薄切り肉…200g
なす…1本
しょうが…1かけ
塩…小さじ½
ごま油…大さじ1
A
紹興酒…大さじ1
しょうゆ…小さじ2
豆板醤…大さじ½

1／豚肉は食べやすい大きさに切る。しょうがはせん切りにする。なすは炒める直前にヘタを切り落として乱切りにする。

2／Aは混ぜ合わせる。

3／土鍋にごま油としょうがを入れて弱めの中火にかけ、香りが立ったら豚肉を加えて塩をふり、中火で炒める。

4／なすを加えて混ぜ、2を回しかけ（写真）、なすがやわらかくなるまでさらに炒める。

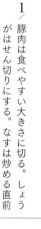

ナンプラーと相性のいいレモンで
酸味を利かせ、あっさりとした味わいに

豚肉と春雨のエスニック鍋

材料　2〜3人分
豚バラ薄切り肉…200g
春雨（乾燥）…50g
A
昆布かつおだし（P.9参照）…2カップ
酒…大さじ1
塩…小さじ1
しょうゆ…小さじ1
ナンプラー…小さじ2
レモンの搾り汁…½個分
レモンの薄切り…½個分

1／豚肉は食べやすい大きさに切る。春雨は熱湯に浸して戻し、半分の長さに切る。

2／土鍋にAを入れて弱めの中火にかけ、フツフツしてきたら豚肉を数枚ずつ入れて火を通し、春雨を加えて煮る。

3／レモンの搾り汁を回し入れ、レモンをのせる。

おつまみ煮豚

火にかけている時間はちょっと長いけれど、
煮込む時間と土鍋がおいしさを作ります

材料　2～3人分
豚肩ロース肉（かたまり）…300g
塩…小さじ1½
昆布かつおだし（P.9参照）
…2カップ
A
しょうが…1かけ
にんにく…1かけ
長ねぎの青い部分…1本分
紹興酒…½カップ
メープルシロップ…大さじ1
しょうゆ…大さじ2
うずら卵（ゆでたもの）…6～7個

a

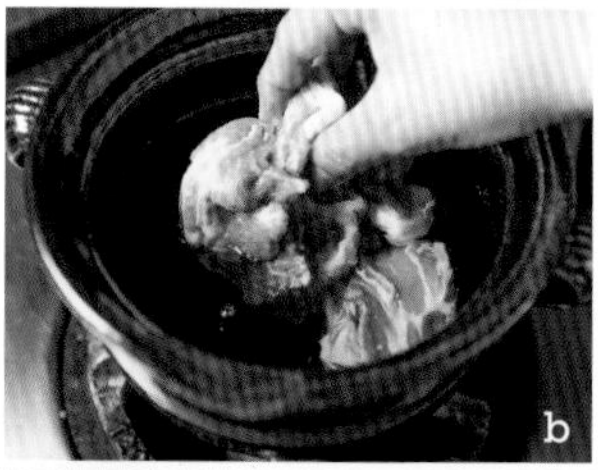

b

c

1／豚肉は6等分にして塩をすり込む（写真a）。

2／Aのしょうがは皮つきのまま厚めに切り、にんにくは包丁の腹でつぶす。

3／鍋にだし汁を入れて1を入れ（写真b）、Aを加える（写真c）。弱めの中火にかけ、フツフツしてきたらふたをして弱火でコトコトと煮る。途中、豚肉がやわらかくなったらメープルシロップを加える。

4／竹串を刺してみてスーッと通るくらいまでになったら、しょうゆ大さじ1を加え、しばらくしてさらにしょうゆ大さじ1とうずら卵を加え、豚肉が十分やわらかくなるまでさらに煮る。火を止めて10分ほどおく。

うまみがギュッと詰まった塩豚と
シャキシャキもやしの取り合わせが絶妙

塩豚ともやしのポン酢風味

材料　2〜3人分
豚バラ肉（かたまり）…200g
塩…小さじ1
もやし…1袋
ポン酢じょうゆ…大さじ2
粗びき黒こしょう…適量

1／保存袋に豚肉を入れ、塩を加えて全体になじませ（写真a）、冷蔵庫に入れて最低2時間、できれば一晩おく。

2／1を薄切りにし（写真b）、炒め用に脂部分を少し別にしておく。もやしはできればひげ根を取る。

3／土鍋を弱めの中火にかけてしっかりと温め、豚の脂部分を入れて溶かし、塩豚を入れてこしょうをふり、両面おいしそうな焼き色がつくまで焼く（写真c）。

4／もやしをのせ、ポン酢じょうゆを回しかけ（写真d）、ふたをしてもやしに火が通るまで蒸し焼きにする。火を止めて全体に混ぜ合わせ、さらに好みでこしょう適量（分量外）をふる。

こっくりとした味わいの煮もの。手羽先の皮目をしっかりと焼くのがおいしさのコツ

手羽先のバルサミコ煮

材料　2~3人分
手羽先…6本
太白ごま油…大さじ1
塩…小さじ1
粗びき黒こしょう…適量
A
バルサミコ酢（長期熟成）…大さじ1
しょうゆ…小さじ2
昆布かつおだし（P.9参照）…1カップ

1／手羽先は関節部分で半分に切る（写真a）。

2／土鍋に太白ごま油を入れて弱めの中火にかけてしっかりと温め、1を2~3本ずつ入れて皮を押しつけながら脂を出し（写真b）、塩、こしょうをふり、皮目をパリッと焼きつける。

3／Aを加え（写真c）、汁気がほぼなくなるまで煮て（写真d）、照りよく仕上げる。

a

b

c

d

土鍋焼き鳥

塩、山椒じょうゆ、にんにくじょうゆの三つの味が楽しめる焼き鳥セット

材料　2～3人分

鶏もも肉…1枚
鶏レバー、鶏ハツ…合わせて200g

A［塩…適量

B［しょうゆ…大さじ1½
　酒…大さじ1
　粉山椒…小さじ¼
　おろしにんにく…1かけ分

C［酒…大さじ1
　しょうゆ…大さじ1
　みりん…大さじ1

柚子酢、七味唐辛子…各適量

1／鶏肉は余分な皮や脂を切り落とし、8等分に細長く切り分ける。竹串に波打つように刺し、これを8本作る（写真a）。皮は捨てずにおく。

2／鶏レバーと鶏ハツは一口大に切って塩水に30分ほどつけ、血のかたまりなどを取り除く。竹串に刺し、これを4本作る。

3／1の鶏肉4本にはAの塩をふる（写真b）。土鍋を弱めの中火にかけてしっかりと温め、1の皮や脂を入れて脂を出し、鶏肉を入れて焼く。柚子酢を添える。

4／残りの鶏肉4本は、塩をしないで3と同様にして焼き、Bを混ぜ合わせて加え（写真c）、味をからめながら焼く。

5／2も塩をしないで3と同様にして焼き、Cを混ぜ合わせて加え（写真d）、味をからめながら焼く。七味唐辛子を添える。

キャベツの上において蒸すと
全体に蒸気が回ってふんわりジューシー

鶏シューマイ

材料　2〜3人分
鶏ひき肉…200g
絹ごし豆腐…¼丁
A［塩…小さじ1
　酒…小さじ1
　しょうゆ…少々］
シューマイの皮…10枚
キャベツ…5枚
ポン酢じょうゆ…適量

1／豆腐は水気をきる。

2／ボウルにひき肉、豆腐、Aを入れて手でよく混ぜ合わせ（写真a）、10等分にし、シューマイの皮にのせて包み（写真b）、形を整える。

3／キャベツをせん切りにして土鍋に入れ、水大さじ1をかけ（写真c）、シューマイをのせる（写真d）。

4／ふたをして弱めの中火にかけ、シューマイに火が通るまで10分ほど蒸す。ポン酢じょうゆをかけて食べる。

鶏もつ鍋

ゆっくりと火を通したもつのおいしさは格別。
しょうがを利かせて仕上げます。

材料　2〜3人分
鶏レバー…100g
鶏ハツ…100g
鶏砂肝…100g
しょうが…大1かけ
太白ごま油…大さじ2
塩…小さじ1
酒…大さじ2
みりん…大さじ2
昆布かつおだし（P.9参照）…適量
しょうゆ…大さじ2

1／レバーとハツは塩水に30分ほどつけ、血のかたまりなどを取り除く（写真a）。砂肝はきれいに水洗いして半分に切り、細かく切り込みを入れる（写真b）。

2／しょうがは包丁の腹でつぶす。

3／土鍋に太白ごま油、しょうがを入れて弱めの中火にかけ、香りが立ったら1を入れて火を強め、塩をふり、ざっと混ぜる。

4／酒、みりんを加え、だし汁をひたひたに注ぎ入れ（写真c）、しょうゆを入れる。煮立ったら火を弱め、アクを取りながら（写真d）、汁気が少なくなるまで煮る。

a

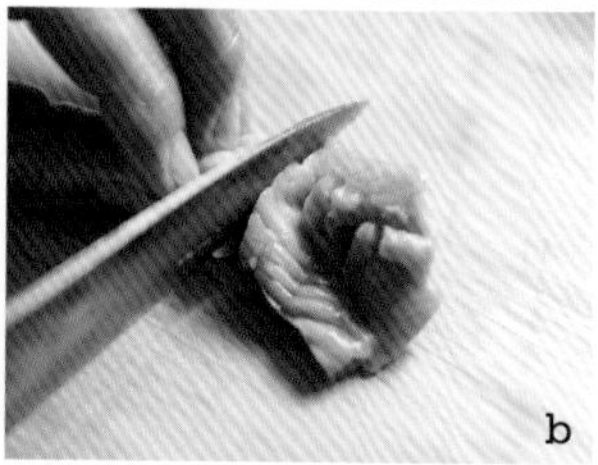
b

c

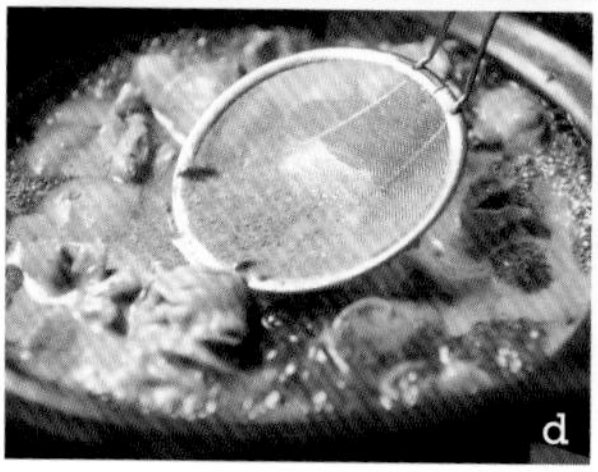
d

皮をパリッと香ばしく焼くのがポイント。
残ったら卵とじにしてもおいしい

合鴨の土鍋ロースト

材料 2〜3人分
合鴨胸肉…1枚
塩…小さじ1
紹興酒…大さじ2
長ねぎのせん切り…適量
A
　甜麺醤…大さじ1
　ごま油…大さじ½
　粉山椒…小さじ½
サンドイッチ用食パン…適量

1／合鴨は皮目に細かく格子状に切り込みを入れ、塩をふる。

2／土鍋を弱めの中火にかけてしっかりと温め、1の皮目を下にして入れ（写真a）、皮から脂が出てきたらふたをして焼く。

3／皮においしそうな焼き色がついてパリッとしたら裏返し（写真b）、5分ほど焼き、鍋肌から紹興酒を加え（写真c）、中火でさらに5分ほど焼く。

4／少し落ち着かせてから土鍋から出して薄切りにし、土鍋に戻し、長ねぎをのせ、Aを混ぜ合わせて添える。トーストしたパンにのせて食べる。

a

b

c

野菜やきのこも食べたい

鍋もの、煮もの、蒸し焼き、オイル焼き、炒めもの、
チーズ焼き、ホットサラダ……と野菜の料理はなんでもござれ。
何がいいって小さい土鍋で作れれば気が楽だし、
そのままテーブルに持っていけて器代わりにもなること！

ピエンロー鍋

白菜、豚肉、春雨を使った中国の鍋料理。
ごま油で炒めて煮込み、塩でいただきます

材料　2～3人分
白菜…大3枚
干ししいたけ…2個
干ししいたけの戻し汁…¼カップ
春雨（乾燥）…50g
豚バラ薄切り肉…50g
酒…大さじ1
鶏ガラスープ（P.9参照）…1カップ
ごま油…大さじ3
塩…適量

1／白菜は葉と芯に分け、それぞれ太めのせん切りにする。干ししいたけは水で戻して太めのせん切りにする。戻し汁¼カップも取っておく。春雨は熱湯に浸してからために戻し、半分の長さに切る。豚肉は一口大に切る。

2／土鍋にごま油大さじ1を入れて弱めの中火にかけて温め、白菜の芯を入れて火を強めてざっと炒め、酒、干ししいたけ、干ししいたけの戻し汁、鶏ガラスープを加え、ごま油大さじ2を入れる（写真a）。

3／煮立ったら豚肉を入れて煮、白菜の葉、春雨の順に加え（写真b）、煮立ったら火を弱めてふたをして白菜がしんなりするまで煮る。器に取り分け、塩で食べる。

a

b

じっくり焼いた玉ねぎは甘さ倍増。

最小限の味つけで素材の味を堪能します
玉ねぎの土鍋焼き

材料　2〜3人分
玉ねぎ…1個
オリーブオイル…大さじ1
塩…少々
ローズマリー…適量

1／玉ねぎは横に輪切りにする。

2／土鍋にオリーブオイルを入れて弱めの中火にかけ、1を入れて両面おいしそうな焼き色がつくまで焼く。

3／塩をふり、ローズマリーを加えて香りをつける。

とうもろこしの蒸し焼き

ゆでるより味とうまみが際立ちます
水を少し加え、ふたをして蒸し焼きに。

材料　2〜3人分
とうもろこし…½本
塩…少々
パプリカパウダー…少々

1／とうもろこしは縦半分に切り（写真a）、さらに半割りにする。

2／土鍋に1を入れて水大さじ1をふり（写真b）、弱めの中火にかけてふたをし、蒸し焼きにする。

3／塩とパプリカパウダーをふる。

a

b

ザクザクッと切って焼くだけ。必要以上にいじらずに焼き色をつけるのがポイント

レタスのナンプラー焼き

材料　2～3人分
レタス…¼個
ごま油…大さじ1
ナンプラー…小さじ1

1／レタスは半分に切る。

2／土鍋にごま油を入れて弱めの中火にかけてしっかりと温め、レタスを入れて焼きつける。

3／ナンプラーを回しかけてさっと焼く。

アスパラガスののり炒め

炒めたアスパラにもみのりをまぶすと、
それだけで酒の肴に早変わりします

材料　2〜3人分
アスパラガス…3本
塩…少々
オリーブオイル…大さじ1
もみのり…適量

1／アスパラガスは根元に近い部分の皮をピーラーでむき、斜め切りにする。

2／土鍋にオリーブオイルを入れて弱めの中火にかけて温め、アスパラガスを入れて塩をふって炒める。

3／火が通ったらもみのりを加えてざっと混ぜる。

アンチョビーの塩気で味つけいらず。
ししとうやピーマンで作ってもOK

万願寺唐辛子のアンチョビー焼き

材料　2〜3人分
万願寺唐辛子…3本
オリーブオイル…大さじ1
アンチョビー…3枚

1／土鍋にオリーブオイルを入れて弱めの中火にかけてしっかりと温め、万願寺唐辛子を入れて焼く。

2／アンチョビーを1枚ずつのせてさっと温める。

さやいんげんのベーコン炒め

ベーコンの脂をまとったさやいんげんが美味。
こしょうとレモンで味が締まります

材料　2〜3人分
さやいんげん…15〜20本
ベーコン（薄切り）…2枚
にんにくのみじん切り…少々
粗びき黒こしょう…適量
レモンの搾り汁…適量

1／さやいんげんはかたい筋があれば取り除く。ベーコンは細切りにする。

2／土鍋にベーコンとにんにくを入れて弱めの中火にかけ、ベーコンから脂が出てきたらさやいんげんを入れて中火にし、ベーコンの脂で炒める。ベーコンはカリッとさせる。

3／仕上げにこしょうをふり、レモンを搾りかける。

少しクセのあるブルーチーズを使います。
キーンと冷えた白ワインによく合う!

カリフラワーのチーズ焼き

材料　2~3人分
カリフラワー…小½個
牛乳…½カップ
ゴルゴンゾーラチーズ…50g

1／カリフラワーは小房に分ける。

2／土鍋に1、牛乳を入れて弱めの中火にかけ、フツフツしてきたら火を弱めてカリフラーに火が通るまで煮る。

3／ゴルゴンゾーラチーズを手でちぎって散らし、オーブントースターでチーズが溶けて少し焼き色がつくまで焼く。

作りたてのおいしさをテーブルへ。
たらこの代わりに明太子でも

ホットタラモサラダ

材料　2〜3人分
じゃがいも…大1個
牛乳…½カップ
たらこ…½腹
マヨネーズ…大さじ2
バゲットの薄切り…適量

1／じゃがいもは皮をむいて小さめの一口大に切る。たらこは薄皮に切り目を入れ、中身をこそげ出す。

2／土鍋にじゃがいもと牛乳を入れ、ふたをして弱めの中火にかける。水分がなくなって乾いてきた音がしたら火を止める。鍋ごと揺すって水分を飛ばす。

3／熱いうちにたらことマヨネーズを加え、じゃがいもをざっとつぶしながら混ぜる。バゲットを軽く焼いて添える。

にんじんのホットナムル

蒸しゆでにしたにんじんは甘みが増して美味。
もやし、ほうれん草などでも同様に

材料　2〜3人分
にんじん…1本
酒…大さじ1
塩…一つまみ
ごま油…大さじ2
白炒りごま…大さじ2

1／にんじんは太めのせん切りにする。

2／土鍋に1を入れ、酒、水大さじ1をふってふたをし、弱めの中火にかけて蒸しゆでにする。

3／塩をふり、ごま油を加えてあえ、ごまをふる。

大根餅

外側はカリッ、ひと口食べるとモチモチ。手作りのおいしさが土鍋で作れます

材料　2〜3人分
大根…250g
A
　片栗粉…大さじ2
　長ねぎのみじん切り…5cm分
　あみえび（乾燥）…大さじ2
塩…一つまみ
ごま油…大さじ1
酢じょうゆ…適量

1／大根は皮をむいてすりおろし、水気を軽くきる。ボウルに入れ、Aを加えて混ぜ合わせる。

2／土鍋にごま油を入れて弱めの中火にかけ、油が熱くなったら1を¼量ずつ入れて丸く平らに整える（写真）。

3／両面こんがりと焼き、酢じょうゆを添える。

かぶのそぼろ煮

ひき肉と組み合わせた汁だく煮もの。
肉のうまみが溶け出た汁も一緒にどうぞ

材料　2〜3人分
かぶ…大1個
鶏ひき肉…100g
太白ごま油…大さじ1
塩…ひとつまみ
A
昆布かつおだし（P.9参照）…1カップ
酒…大さじ1
塩、しょうゆ…各少々

1／かぶは茎の部分を少し残して皮をむき、8等分のくし形に切る。

2／土鍋に太白ごま油を入れて弱めの中火にかけ、ひき肉を入れて塩をふり、そぼろ状になるまで炒める。

3／Aを加え、かぶを並べ入れ、フツフツしたら火を弱めてかぶがやわらかくなるまで煮る。塩またはしょうゆ（分量外）で味を調える。

味の出る素材と吸う素材の組み合わせ。
牛肉のうまみを吸ったごぼうが美味

新ごぼうと牛肉のさっと煮

材料　2〜3人分
新ごぼう…1本
牛こま切れ肉…100g
塩…一つまみ
A
酒…大さじ1
みりん…大さじ1
しょうゆ…小さじ1
B
昆布かつおだし（P.9参照）…½カップ
酒…大さじ1
塩…小さじ¼
みりん…大さじ1
しょうゆ…大さじ1
粉山椒…適量

1／ごぼうは皮をこそげて水にさらし、5㎝長さに切って半割りにする。

2／土鍋に牛肉（脂が多そうなところ）少々を入れて弱めの中火にかけて温め、脂が出たら残りの牛肉と塩を入れて中火で炒める。Aで味つけして取り出す。

3／2の土鍋にBを入れて煮立て、ごぼうを加えてやわらかくなるまで煮、牛肉を戻し入れて味をなじませる。粉山椒をふる。

きのこは数種類使うと味が複雑になって
飽きずに最後までおいしくいただけます

きのこのソテー
パルメザンチーズのせ

材料　2〜3人分
しめじ、舞たけ、ブラウンマッシュルーム
　…合わせて150g
オリーブオイル…大さじ2
塩…小さじ½
白ワイン…大さじ2
パルメザンチーズ（かたまり）…適量

1／しめじ、舞たけは石づきを取ってほぐす。マッシュルームは石づきを取って半分にさく（写真a）。

2／土鍋にオリーブオイルを入れて弱めの中火にかけて温め、1を入れて塩をし、中火で香りよく炒める。白ワインを加え（写真b）、なじませながらきのこに火を通す。

3／パルメザンチーズを薄く削ってのせ（写真c）、余熱で少しやわらかくする。

a

b

c

バターをからめながら焼いて、しょうゆは鍋肌から入れて香りを立たせるのがコツ

しいたけと長いものバターじょうゆ

材料　2～3人分
しいたけ…2個
長いも…3cm
バター…20g
しょうゆ…小さじ1

1／しいたけは軸を少し残して切り落とす。長いもは1.5cm厚さの半月切りにし、皮をむく。

2／土鍋にバターを入れて弱めの中火にかけ、バターが溶けてきたらしいたけと長いもが交互になるように入れ、中火でバターをからめながら焼く。仕上げに鍋肌からしょうゆを回し入れる。

にんにくとパセリ入りのエスカルゴバターがおいしさの決め手

マッシュルームのエスカルゴ風

材料　2〜3人分
ブラウンマッシュルーム…8個
A
バター（常温に戻したもの）…30g
にんにくのみじん切り…1かけ分
パセリのみじん切り…大さじ2〜3

1／Aを混ぜ合わせてアルミホイルで包み、冷蔵庫に入れて冷やす。

2／土鍋にマッシュルームのかさの部分を下にして並べ入れ、1を切り分けてそれぞれにのせる。

3／弱めの中火にかけてふたをし、しいたけに火が通るまで焼く。

つまみパン

キーンと冷えたビールやワインを飲みながらのつまみには、
パンを使った料理もおすすめ。
土鍋ならチーズフォンデュやカリカリトーストもお手のもの。
小腹が空いている宴会のスターターにしたり、シメの一品にするといいですね。

保温力のある土鍋はフォンデュ向き。
お酒を飲みながらゆっくりと楽しめます

ビールチーズフォンデュ

材料　2〜3人分
ミックスチーズ…2カップ
小麦粉…大さじ1
牛乳…1カップ
ビール（好みのもの）…1カップ
フランスパン…適量
スティック野菜（セロリなど）…適量

1／ミックスチーズと小麦粉は混ぜ合わせる（写真a）。

2／フランスパンは一口大に切り、竹串などに刺す。

3／土鍋に牛乳を入れ、ビールを加え（写真b）、弱めの中火にかける。温かくなったら1を適量ずつ加えてゆっくりと溶かす。

4／フツフツしてきたら、2、スティック野菜にたっぷりとつけて食べる。

a

b

オリーブオイルで焼いたトーストはカリッカリ。いくらでも食べられそう

アボカドえびトースト

材料　2〜3人分
アボカド…½個
えび（無頭、殻つき）…大2尾
塩…一つまみ
フランスパン…4〜5㎝
オリーブオイル…少々
レモンのいちょう切り…2〜3枚

1／アボカドは1㎝角くらいに切る。えびは背ワタと殻、尾を取り、アボカドと同じくらいの大きさに切る。ボウルに合わせ、塩を加えて混ぜる。

2／パンを2〜3等分の厚さに切り、1をのせる。

3／土鍋にオリーブオイルをなじませて弱めの中火にかけ、2を並べ入れて焼く。途中ひっくり返して上面にも焼き色をつける。レモンを添える。

フレンチトーストの甘くない版。
すりおろしトマトを入れるのがポイントです

おつまみトマトトースト

材料　2～3人分
フランスパン…10㎝
A
トマト…1個
卵…1個
パルメザンチーズのすりおろし…大さじ3
粗びき黒こしょう…少々
オリーブオイル…少々
パルメザンチーズのすりおろし…適量
粗びき黒こしょう…適量

1／Aのトマトはすりおろし、卵は割りほぐす。パルメザンチーズ、粗びき黒こしょうを加えて混ぜ合わせる。

2／パンは縦に8～10等分に切り、バットに並べ、1をかけ（写真）、パンにしみ込むまでおく。

3／土鍋にオリーブオイルをなじませて弱めの中火にかけて温め、2を並べ入れ、ときどき返しながら焼く。仕上げに好みでパルメザンチーズとこしょうをふる。

つまみめし

もっとお酒を飲みたい人も、もうシメに移りたい人も、
どちらにも喜ばれる炭水化物レシピ7選です。
どの料理も土鍋で作るとご飯や餅が香ばしく焼けて、
そのまま供するとおいしそう！　皿盛りにするより魅力的です。

しその実とチーズの混ぜご飯

小鍋なら1合でもご飯が炊けるのが魅力。
漬けものやごま、じゃこを混ぜても

材料　作りやすい分量
ご飯（下記参照）…1合分
しその実（塩漬け）…大さじ1
スライスチーズ…3枚

1／炊きたてのご飯にしその実を加えて混ぜ、スライスチーズを刻んで加え、さっくりと混ぜ合わせる。

わかめとねぎの混ぜご飯

ごま油と塩で味つけすると韓国風。
いい香りが鼻をくすぐります

材料　作りやすい分量
ご飯（下記参照）…1合分
カットわかめ（乾燥）…大さじ1
長ねぎのみじん切り…5cm分
ごま油…大さじ1
塩…小さじ1

1／炊きたてのご飯にカットわかめを砕きながら加えて混ぜ、長ねぎ、ごま油、塩を加えてさっくりと混ぜる。

ご飯の炊き方（1合分）

1 米1合は洗って土鍋に入れ、水1.1合（約200mℓ）を加え、30分浸水させる。

2 1にふたをして、皿3〜4枚をのせて重しをする。

3 弱火に5分ほどかける。

4 土鍋が温まってきたら強火にし、フツフツと吹いてくるまで炊く。

5 しっかりと沸騰したらごく弱火にし、13分ほど炊く。火を止めて5分ほど蒸らす。

目の前で焼けてくるおむすびを待つのも、
土鍋ならではの楽しさ

おぼろ昆布の焼きおむすび

材料　2〜3人分
ご飯（温かいもの）…茶碗2杯分
とろろ昆布…適量
白炒りごま…大さじ1
太白ごま油…少々

1／ご飯にとろろ昆布とごまを加えて混ぜ、3等分にし、丸または三角にむすぶ。

2／土鍋を弱めの中火にかけてしっかりと温め、太白ごま油をなじませ、1を入れる。おいしそうな焼き色がつくまで両面焼く。

レモンとナンプラーでアジアンテイスト。
あみえびの代わりに桜えびを刻んで使っても

あみえびとレモンの焼きめし

材料　2～3人分
ご飯（温かいもの）…茶碗2杯分
太白ごま油…大さじ1½
あみえび（乾燥）大さじ3
ナンプラー…小さじ1
塩…少々
レモンの皮のみじん切り…¼個分
香菜のざく切り…適量
レモン…適量

1／土鍋に太白ごま油を入れて弱めの中火にかけ、あみえびを入れて炒める。

2／香りが立ったらご飯を加え、ご飯がパラパラになるまで中火でよく炒める。

3／ナンプラーと塩で味つけし、レモンの皮を加えてざっと炒める。仕上げに香菜をのせ、レモンを搾って食べる。

ケチャップライス 目玉焼きのせ

酒好きにもご飯好きにも人気の一品。
ご飯をつまみたいから具は少なくてOK

材料 2~3人分
ご飯…茶碗2杯分
ソーセージ…3本
ミニトマト…10個
オリーブオイル…大さじ1½~2
卵…1個
塩…適量
トマトケチャップ…大さじ2
ウスターソース…小さじ1

a

b

c

1／ソーセージは縦四つ割りにし、食べやすい長さに切る。ミニトマトはヘタを取って横半分に切る。ご飯は炊きたてまたは冷凍ご飯を温め直す（写真a）。

2／土鍋にオリーブオイル大さじ1を入れて弱めの中火にかけ、卵を落とし入れて塩少々をふり（写真b）、好みの焼き加減に焼く。土鍋から取り出す。

3／2の土鍋にオリーブオイル大さじ½~1を足してソーセージを入れて炒め、ご飯を加えて炒め合わせる（写真c）。

4／ミニトマトを加え、塩小さじ½、トマトケチャップ、ウスターソースを入れて炒め合わせる。好みで粗びき黒こしょう（分量外）をふり、目玉焼きをのせる。

餅と明太子を一緒に焼いて、のりではさんでパクッ。
夜食にもおすすめです

焼き餅の明太子のり包み

材料　2〜3人分
餅（丸餅または切り餅）… 3個
明太子 … 小½腹
太白ごま油 … ごく少々
焼きのり … 適量

1／土鍋を弱めの中火にかけて温め、太白ごま油をなじませ、餅と明太子を入れる。ふたをし、ときどき返しながら、焼き色がつくまで焼く。

2／焼きのりを適当な大きさに切り、1の餅、明太子をちぎってのせる。のりで包んで食べる。

中華蒸し麺＋レトルトカレーが手軽。
キーマの代わりにチキンでもビーフでも

カレーチーズ焼きそば

材料 2〜3人分

中華蒸し麺…1玉
牛乳…大さじ2
レトルトキーマカレー
（カレーの恩返しカレー）…1袋
ミックスチーズ…二つかみ
仕上げ用スパイス（カレーの恩返し）
…1袋（4g）

1／土鍋を弱めの中火にかけて温め、中華蒸し麺をほぐして入れ、牛乳を加えてから温める。ときどき混ぜながら温める。

2／レトルトキーマカレーをのせ（写真a）、ミックスチーズをかけ、オーブントースターで焼き色がつくまで焼く。

3／仕上げにスパイスをふる（写真b）。

b

a

この本で使った「土楽」の土鍋と器

無地鍋　6寸

直径21㎝×高さ11.5㎝

黒深鍋

直径22.5㎝×高さ11.5 ㎝

黒小鍋

直径18.5㎝×高さ9.5㎝

雲紋鍋

直径20㎝×高さ9㎝

グラタン皿　5寸（受け皿付）

直径16㎝×高さ5㎝

黒鍋　6寸

直径19.5㎝×高さ9㎝

平目鍋

直径19㎝×高さ9 ㎝

グラタン皿　6寸（受け皿付）

直径18㎝×高さ6.5㎝

黒鍋　6寸（縄手）

直径20.5㎝×高さ9㎝

鉄刷毛目鍋　6寸

直径19.5㎝×高さ12㎝

かきとり鍋竹垣紋　6寸

直径20.5㎝×高さ11㎝

口付黒鍋　7寸

直径22㎝×高さ13 ㎝

※この本で使った土鍋は、炒める、焼くなとができる土鍋です。メーカーによっては使用できないものもあるので、お持ちの土鍋が対象かどうか確認の上、使用上の注意を正しく守って使ってください。
※土楽の土鍋は一つ一つ手作りなので、焼き上がりのサイズに多少差があります。

ポトフ鍋　5寸

直径17㎝×高さ15㎝

青土鍋　6寸

直径20㎝×高さ10㎝

呉須点字鍋

直径16㎝×高さ10㎝

アメ釉羽釜(1合炊)(木ぶた付)

直径13.5㎝×高さ13.8㎝
(木ぶた含めて)

青土鍋　7寸

直径22.5㎝×高さ12.5㎝

刷毛目丸蓋鍋　6寸

直径21㎝×高さ12㎝

織部釜(1合炊)(木ぶた付)

直径13.5㎝×高さ13.8㎝
(木ぶた含めて)

片手鍋(アメ)(木ぶた付)

直径19㎝(取手含めず)×高さ10㎝

窯変平鍋　6寸

直径19㎝×高さ9㎝

土楽オリジナル 棕櫚鍋敷き

大 直径21㎝　小 直径17㎝

片手鍋(木ぶた付)

直径19㎝(取手含めず)×高さ10㎝

万年青鍋　7寸

直径21.5㎝×高さ12㎝

黄瀬戸 4 寸皿

直径 12cm

灰釉四方向付

直径 11.5cm

灰釉平取椀

直径 18cm

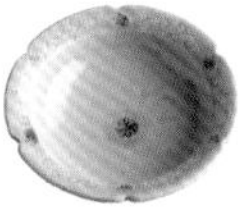

黄瀬戸輪花小鉢

直径 10cm

粉引皿 5 寸

直径 15cm

灰洗釉向付

直径 18cm

三彩豆皿

直径 9cm

灰釉皿

直径 13cm

織部菊花向付

直径 15cm

磁器 4 寸皿

直径 14cm

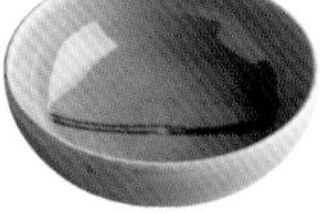

松葉碗

直径 13cm

松葉皿

直径 12.5cm

アメ釉碗

直径 12cm

●片口

片口3寸

直径 10.5cm

焼〆南蛮片口

直径 6.5cm×高さ 10.5cm

焼〆筒片口

直径 6.5cm×高さ 10.5cm

織部六角片口

直径 10.5cm×高さ 8cm

●しゃもじ入れ

織部しゃもじ入れ

直径 9cm

●しょうゆさし

しょうゆさし(受け皿付)

高さ 8.5cm　受け皿直径 10cm

しょうゆさし(小)

高さ 6cm

●酒器にしたもの

灰釉筒湯呑

直径 8cm×高さ 8.5cm

皮くじら湯呑

直径 8cm×高さ 9cm

灰釉カップ

直径 8.5cm×高さ 7.5cm

黒釉盃

直径 7.5cm×高さ 3.5cm

刷毛目盃

直径 7cm×高さ 3.5cm

南蛮盃

直径 5.5cm×高さ 4cm

黒釉盃

直径 5.5cm×高さ 5cm

灰釉盃

直径 5cm×高さ 4.5cm

福森道歩

fukumori michiho

陶芸家、料理人。三重県の伊賀・丸柱に江戸時代より続く窯元「土楽」の8代目。短大卒業後、料理研究家のもとで3年、辻調理師専門学校で1年、大徳寺龍光院にて禅寺での生活を1年経験するなど、さまざまな食の在り方を追求。素材の持ち味を生かした料理にファンも多い。著書に『スゴイぞ！土鍋』（講談社）、『ひとり小鍋』（東京書籍）などがある。

土楽窯
三重県伊賀市丸柱 1043
http://www.doraku-gama.com/
※ギャラリーは 11:00 〜 17:00（要予約）

小《こ》鍋《なべ》でつまみ

さもないものが酒《さけ》の肴《さかな》にも、ご馳《ち》走《そう》にも

2020年 11月 6日　第 1刷発行

著　者　福森道歩《ふくもりみちほ》
発行者　千石雅仁
発行所　東京書籍株式会社
　　　　東京都北区堀船 2-17-1　〒 114-8524
　　　　電話　03-5390-7531（営業）
　　　　　　　03-5390-7508（編集）
印刷・製本　図書印刷株式会社

ISBN978-4-487-81393-3 C2077

アートディレクション　昭原修三
デザイン　植田光子
撮影　竹内章雄
編集　松原京子
プリンティングディレクター　栗原哲朗（図書印刷）

撮影協力　久保原惠理